Jakob Streit

LIPUTTO

Jakob Streit

LIPUTTO

Geschichten von Zwergen und Kobolden

Urachhaus

ISBN 3-8251-7840-6

2. Auflage 2020
Erschienen im Verlag Urachhaus
www.urachhaus.de

Umschlag und Illustrationen von Georges A. Feldmann
Gesamtherstellung: Grafisches Centrum Cuno, Calbe

Inhalt

Der Netzkobold

Es war einmal ein grünblaues Wasser, das stand so ruhig und war ein Teich. Ein Goldfisch schwamm darin im Sonnenschein. Wenn Sonnenstrahlen auf seine Schuppen fielen, leuchteten sie golden auf. Dann kamen Mücklein heran und flogen über dem glitzernden Fisch auf und ab. Sie summten: »Hier ist es schön! Oben scheint die Himmelssonne und unten eine kleine Wassersonne!« Wenn der Goldfisch weiterschwamm, flogen die Mücklein ihm nach. Ja, wenn man gut lauschte, war das feine Summen der Mücklein wie Musik zu hören.
In der Nähe des Teiches gab es eine Höhle. Darin wohnte ein Kobold mit langen Fingern. Der wollte immer wieder etwas in seine Höhle schleppen. Wenn er eine schöne Blume sah, riss er sie ab und warf sie in seine Höhle. Er schaute sie nicht einmal recht an. Sah er einen glänzenden Käfer: schwupp, in die Höhle!
Eines Tages entdeckte der Kobold den schönen Goldfisch im Teich und quatschte ganz laut: »Den will ich fangen. Den muss ich in meine Höhle nehmen!«
Das hatten die Mücklein gehört. Sie berieten miteinander, wie sie den Goldfisch schützen könnten.
Der Kobold begab sich zu der großen Spinne, die musste ihm ein sehr festes Netz weben. Irgendwo hatte er ein Glas gefunden, das Menschen fortgeworfen hatten. Er brachte es in die Höhle und füllte es mit Wasser. Als er von der Spinne das Netz erhalten hatte, schlich er damit zum Teich. Aber die Mücklein riefen dem Goldfisch zu: »Versteck dich! Tauche ganz tief hinunter! Der Netzkobold kommt! Er will dich fangen!« Da tauchte das Fischlein tief hinunter auf den Grund ins grüne Wasserkraut. Als Netzkobold heranschlich, war das Fischlein weg. So ging es einige Tage. Der Netzkobold merkte nicht, was die Mücklein dem Fischlein sagten. Nach und nach wurde er zornig und wollte vom Fischlein nicht lassen.

Einmal als die Mücklein über dem Goldfisch tanzten, begann es zu regnen. Die Mücklein flohen unter die Blätter eines Baumes. Da kam der Kobold herangeschlichen. Niemand sagte dem Fischlein: »Versteck dich!« Der Kobold warf sein Netz ins Wasser, und das Fischlein zappelte darin. Er zog heraus, packte den Goldfisch, um ihn in seine Tasche zu stecken. In diesem Augenblick schoss vom Eichbaum ein Mücklein daher – und pick! stach es den Kobold fest in die Hand. Erschrocken ließ er das Fischlein ins Wasser fallen. Plumps! Husch! war es verschwunden und tauchte tief, tief auf den Grund.
Die Mücklein sprachen zueinander: »Der Netzkobold darf unser Goldfischlein nicht fangen. Nun sollen auch bei Regenwetter immer einige von uns über dem Teiche tanzen. Regentropfen sind gar nicht so schlimm.« Solange die Mücklein tanzten, konnte Netzkobold dem Fischlein nichts zuleide tun.

Netzkobold und Libelle

Eines Tages setzte sich die Libelle auf ein grünes Seerosenblatt im Teiche, wo der Goldfisch wohnte. Die weiße Seerose duftete wunderbar. Die Libelle erhob sich und flog über die Blüte. Sie flimmerte mit den Flügeln und wehte den Duft in alle Lüfte. Als sie müde war, setzte sie sich wieder auf das grüne Blatt.
Eben schwamm das Goldfischlein heran. Es hob den Kopf ein wenig über Wasser und sprach zur Libelle: »Kennst du den Netzkobold? Er will mich immer fangen. Bis heute haben mich die Mücken gewarnt, wenn er zum Teiche heranschlich. Jetzt aber sind sie hinüber zum Sumpfe geflogen. Könntest du, liebe Libelle, mein Wächter sein und mich warnen, wenn Netzkobold kommt?«

Libelle antwortete: »Ja, das will ich tun! Dafür habe ich Zeit. Ich mag den Netzkobold auch nicht. Einmal hat er versucht, sein Netz über mich zu werfen. Da bin ich ihm blitzschnell entkommen.«
Als am Nachmittag Libelle den Netzkobold heranschleichen sah, flog sie zum Goldfisch. Sie senkte sich so tief hinunter, dass ihre Flimmerflügel das Wasser berührten. Es gab kleine Zitterwellen. Das Fischlein wusste: Jetzt muss ich mich verstecken! Der Netzkobold fand es nicht, sooft er auch um den Teich herumschlich und glotzte.
Eines Tages dachte die Libelle: Ich will heute ein wenig zum Sumpf hinüberfliegen, mit den Schilfbüscheln im Winde spielen.

Kaum war sie weg, schlich Netzkobold heran. Niemand war da, das Fischlein zu warnen. Er warf das Netz, und der Goldfisch zappelte darin. Gleich steckte Netzkobold die Beute in seine dunkle Tasche. Dem Fischlein wurde schwach und elend an der Luft. Es vermochte nur noch ein wenig herumzuzucken. In der Höhle angekommen, warf Kobold den Goldfisch ins Wasser des gläsernen Kruges. Er deckte eine Steinplatte darüber. Nun legte er sich davor auf den Boden, platt auf den Bauch, glotzte ins Glas und ergötzte sich daran, wie das Fischlein im Wasser zappelte und immer wieder den Kopf an die Glaswand stieß. Als er genug gegrinst hatte, trottelte er in den nahen Wald.

Eine Weile später kehrte Libelle wieder zum Teiche zurück. Kein Goldfischlein war mehr da, so sehr sie auch suchte und suchte.

Ein Fröschlein quakte: »Kobold hat es mitgenommen.«

Libelle dachte: Ich weiß, wo er seine Höhle hat. Ich geh schauen!

Blitzschnell war ihr Flug zur Höhle. Kobold war weg. Vorsichtig flog sie in die Höhle hinein und gewahrte das gefangene Fischlein. Den schweren Stein konnte sie aber nicht vom Glaskrug schieben. Sie dachte: Ich hole den großen Raben Krakra. Der hat viel Kraft. Der kann helfen. Sie flog auf einen Eichbaum, wo Krakra öfters ruhte. Ja, er war da! Sie surrte ihm um Kopf und Schnabel.

»Krakra«, rief sie, »kommst du mir helfen? Kobold hat Goldfischlein in seine Höhle eingesperrt. Wir müssen es befreien!«

Krakra krächzte: »Da mach ich mit. Ich komme! Einmal hat er sein Netz über mich werfen wollen, aber es war zu klein. Ich konnte ihm entwischen.«

Libelle flog mit dem Raben zur Koboldhöhle. Ho-Ruck, Ho-Ruck! Und Krakra hatte die Steinplatte abgekippt.

Libelle rief: »Fischlein, der Rabe bringt dich in den Teich zurück. Hab' keine Furcht! Er schluckt keine Fische.«

So ließ sich Goldfisch vom Raben in den Schnabel nehmen. Krakra flog zum Teich und ließ ihn ins Wasser plumpsen. O, wie herrlich war es, wieder im schönen grünen Teich herumzuschwimmen!

Als Kobold in seine Höhle zurückkehrte, merkte er, was hier geschehen war. Vor Zorn warf er den Glaskrug zur Höhle hinaus, dass er an einem Stein zerschlug. Wie der Goldfisch befreit wurde, hat er nie erfahren.

Netzkobold geht auf Schmetterlinge

Von nun an ließ Netzkobold den Goldfisch in Ruhe, denn er hatte keinen Krug mehr, um das Fischlein gefangen zu halten. Als er einmal lange mit dem Kopfe hin und her wackelte, kam ihm zu Sinn: Ich will mit meinem Netz auf Schmetterlingsjagd gehen, schöne Schmetterlinge fangen! Er wollte sie mit Honig an die Wände seiner Höhle kleben. Aber zuerst musste er sich Honig beschaffen.

Bei einem Hügel wusste er einige Hummelnester, die in Erdlöcher hineingebaut waren. Er versteckte sich im Gras. Wenn die Hummeln am Morgen ausgeflogen waren, stibitzte er ihnen den Honig aus den Nestern. Zum Aufbewahren hatte er einige Schälchen von Eicheln mitgenommen. In diese kratzte er den Honig hinein. In der Höhle angekommen, schmierte er den Honig an die Wände. Nun schlich er mit seinem Netz über die Wiese.

Als Ersten erwischte er einen gelben Zitronenfalter und ging, ihn an die Höhlenwand kleben.

»Viele, viele muss ich noch haben, das macht meine dunkle Höhle schön!«, brummte er.

Bald fing er einen Bläuling, den Aurorafalter und einen Schwalbenschwanz. Alle wurden angeklebt.

Einmal saß ein Bienchen auf einer Blüte. Eben wollte ein Pfauenauge-Schmetterling sich zu ihm setzen … Schwupp!, rauschte es durch die Luft. Der Falter war im Netz. Als Kobold mit seiner Beute in die Höh-

le wackelte, flog die Biene ihm nach. Sie sah genau, wie er den Falter an die Wand zu den anderen gefangenen Schmetterlingen klebte. Sie roch, dass er es mit Honig machte. Erschrocken sah sie, was da geschah. Kobold grinste und zählte, wie viele er schon an die Wand geklebt hatte. Es waren fünf. Sie versuchten mit den Flügeln zu zittern, um sich wieder frei zu machen. Vergebens! Der Honig klebte fest.

Rasch flog Bienchen in sein Volk zurück und erzählte alles der Bienenkönigin. Diese gab den Rat: »Nimm eine Schar Bienenschwestern mit dir! Leckt in der Höhle den Honig ab, dann können die Schmetterlinge wieder fortfliegen.«
Schnell sammelten sich einige Bienen und flogen mit der Botin zur Koboldhöhle. Der Kerl saß noch drin und kitzelte die Schmetterlinge mit einem Grashalm, dass sie hilflos zappelten. Hei, war das ein Summen, als die Bienen alle in die kleine Höhle hineinflogen. Kobold wollte sie gleich hinausscheuchen; aber da kriegte er pic – pic – pic einige Stiche, dass er selbst mit Geschrei die Höhle verließ. Nun konnten die Bienen in Ruhe die Schmetterlinge von der Wand abschlecken. Halb erstarrt krochen die Befreiten zur Höhle hinaus. Als sie draußen in den Sonnenschein kamen, wurden im Licht ihre Flügel wieder leicht. Sie dankten den Bienen und flogen in die helle Welt. Die Bienen schleckten auch aus den Eich-Schalen das letzte Tröpfchen Honig. Sie flogen heim und erzählten der Königin, wie alles gut ausgegangen war.
Der Kobold wagte sich an diesem Abend gar nicht wieder in die Höhle zurück und übernachtete bei einem Wurzelstrunk.

Netzkobold geht auf Frösche

Am nächsten Tag saß Netzkobold wieder in seiner Höhle. Es war ihm sehr langweilig. Er riss sich einige Haare aus dem Bart und begann, sie ineinander zu verflechten. Da kam ihm der Gedanke: Mit dieser Haarschnur könnte ich in der Höhle etwas festbinden. Aber was? Er schlich zum Teich und glotzte umher. Auf einem Seerosenblatt saß ein kleiner Grünfrosch mit goldgelben Augen.
»Den fang ich mir!«, flüsterte Kobold.

Im Schilf schlich er näher an ihn heran, warf das Netz. Das Fröschlein zappelte darin. Nicht lange danach hockte es gefangen in der Höhle, mit einem Fuß fest an einen Holzpflock gebunden. Kobold kitzelte den Frosch mit einem Rütchen, sich zum Spaß, dass der Frosch nach allen Seiten elend herumzuckte.
Libelle hatte gesehen, wen der Kobold zu seiner Höhle verschleppt hatte. Auf einer Seerose saßen eben Biene und Schmetterling beisammen. Sie redeten miteinander über die schlimme Koboldhöhle. Libelle gesellte sich zu ihnen und erzählte, was eben geschehen. Die drei berieten, was man tun könnte, um dem Kobold sein übles Tun zu verwehren. Plötzlich kam der Biene ein guter Gedanke.
Sie sprach: »Bei den Waldblumen habe ich einen kräftigen Igel bemerkt. Er ist voll spitzer Stacheln. Der könnte die Höhle des Kobold verstopfen, dass er nimmermehr hineinkommt.«

Die andern fanden diesen Vorschlag gut. Die Biene suchte den Igel auf und summte ihm die Botschaft in die Ohren.
Als sie ihm alles erzählt hatte, grunzte der Igel unwillig und sprach: »Lasst mich nur machen! Den Kobold werd' ich schon vertreiben. Zeige mir den Weg!«
Er trottete dem Flug der Biene nach. Der Eingang zur Koboldhöhle war niedrig. Der Igel kroch hinein und füllte das ganze Schlupfloch aus.
Als es in der Höhle plötzlich so dunkel wurde, erschrak der Kobold und schrie: »Weg von hier, du stinkendes Stacheltier!«
Dem Igel machte das keinen Eindruck. Er entgegnete: »Mach *du* dich gleich hinaus, sonst spieß ich Stacheln in deinen Bauch!«
Der Kobold begann vor Angst zu schlottern. Der Igel gab ihm den Weg frei. In großen Sprüngen eilte der Kobold davon und ward nicht mehr gesehn. Jetzt zerbiss der Igel den Haarstrick und befreite das Fröschlein. Dieses dankte dem guten Igel für seine Hilfe, und so schnell es konnte, hüpfte es dem Teiche zu.

Der Igel aber zerbiss auch das Netz, das der Kobold hatte liegen lassen, in kleine Stücke und legte sich gleich in der Höhle zur Ruhe. Er dachte: Hier bleib' ich und hab' für die Winterzeit einen guten Unterschlupf.
Am andern Morgen, als die Sonne aufging, saß Fröschlein auf dem Seerosenblatt, Biene und Schmetterling auf der weißen Seerose. Der Goldfisch schwamm rundherum seine Kreise. Das Fröschlein erzählte, wie der Igel den Netzkobold vertrieben hatte und dass das böse Netz zerbissen sei. Von da an war wieder Friede am grünen Wasserteich, und von Zeit zu Zeit ließ das Fröschlein im Schilf ein munteres Quaklied ertönen.
Als es Herbst wurde, stopfte der Igel die Höhle voll Laub und konnte darin einen guten Winterschlaf verbringen.
Wo war die Biene zur Winterzeit? Die schlief im Bienenvolk nahe bei ihrer Königin.
Wo war die Libelle? Der Schmetterling? Die hatten sich Mutter Erde anvertraut, um im neuen Sommer wieder jung zu werden.
Wo war das Fröschlein zur Winterzeit? Das hatte sich tief unten in den Schlamm des Teiches hineingebettet, um hier den Winter zu verschlafen und im Frühling frisch und neu zu quaken!

Die Geschichte vom Zwerglein Liputto

Liputto war ein Bergblumen-Wurzel-Zwerg. Lange Jahre hatte er im Gebirge gelebt. Im Sommer half er den Bergblumen wachsen. Wenn sie aufblühten, sog er bei den Wurzeln das Sonnenlicht in die Erde hinunter. Davon gab es in der Erde Sonnentropfen wie kleine Edelsteine. Mit vielen anderen Zwergen trug Liputto sie tiefer in die Erde hinunter und verteilte ihre Strahlen, sodass es im Herbst und

Winter da unten in den Erdentiefen überall glänzte. Denn Mutter Erde braucht viele Sonnentropfen, damit im Frühling alles wieder schön und gut wachsen und blühen kann.
Das alles hatte ein Zwergenmeister Liputto erzählt: Blaue Blumen tröpfeln blaues Licht zur Tiefe, rote Blumen rotes Licht, alle Regenbogenfarben.
Jedes Jahr, wenn der Winter kam, bildete sich an Liputtos Zwergenkäppchen ein farbiger Ring. Wer sieben Jahre für die Blumen gearbeitet hatte, trug alle sieben Farben des Regenbogens am Käppchen.
Liputto war eben am siebenten Ring und freute sich, dass er im Frühling ein Wanderkäppchen bekommen konnte und ein ganzes Jahr herumwandern durfte. Da konnte er in der Erde oder auf der Erde, ungesehen von den Menschen, wandern, wandern ein ganzes Jahr!
Im Frühjahr kam Liputto zum Zwergenmeister, um sein Farbkäppchen gegen das blaue Wanderkäppchen einzutauschen.
Der Meister sprach: »Pass auf, Liputto, dass du das Wanderkäppchen nicht verlierst. Solange du es auf dem Kopfe hast, sieht dich kein Mensch. Ziehst du es ab oder verlierst du es, können die Menschen dich sehen. Das Blaukäppchen macht dich unsichtbar. Nur die Tiere, die können dich immer sehen, auch wenn du es auf dem Kopfe trägst. Wohin willst du denn wandern?«
Liputto antwortete: »Zuerst möchte ich auf der Erde viele, viele Tiere kennenlernen und auch ein wenig hingucken, was die Menschen tun.«
Zwergenmeister erwiderte: »Tiere werden dir kein Leid antun; aber bei den Menschen nimm dein Käppchen nicht vom Kopfe. Wenn sie dich sehen …, man weiß nie, was denen einfällt. Die schönsten Wanderungen aber kannst du unter dem Erdboden tun. Da gibt es schöne Kristalle, Edelsteine, Gold und Silber!«
Als nun Liputto sein Farbkäppchen hinlegte und das blaue erhielt, schaute er etwas traurig auf die schönen Regenbogenfarben.

Der Zwergenmeister tröstete ihn: »Vom Farbkäppchen streifen die Elfen den feinen Farbenstaub ab. Den bekommen die Schmetterlinge an die Flügel. Im nächsten Sommer fliegen die Falter mit deinen Farben in die Sonnenwelt.«

Liputto wusste nicht recht, wie das alles zu- und hergehe. Nun aber freute er sich über sein Wanderkäppchen.

Liputto und das zertretene Veilchen

Frohgemut wanderte Liputto in den Frühling hinein. Im Walde warf er hin und wieder das Käppchen vor Freude hoch in die Luft. Als er am Waldrand zu den Büschen heraustrat, stand er still und horchte in die Welt. Was war das? Neben dem Wege vernahm er eine leise, traurige Stimme.

»O weh! dieser Menschenfuß! O weh! dieser Menschenfuß!«

Als Liputto näher hinguckte, sah er ein Pflänzchen mit zertretenen violetten Blüten. Es war das Veilchen.

Liputto fragte: »Was ist mit dir? Du bist ja ganz flach!«

Veilchen antwortete: »Ein Menschenfuß ist hier vorbeigekommen und ist auf mich getreten.«

Liputto bückte sich und sprach: »Ich helfe dir! Ich kann gut Wurzeln und Blätter streicheln und zurechtzupfen.«

Mit flinken Fingern begann er, die Erde zu lockern und die Blätter zu glätten. Beim Bächlein holte er Wasser und tränkte das Pflänzchen.

Liputto fragte: »Was riecht hier so fein?«

Veilchen sprach: »Meine Blüten duften, um dir zu danken, lieber Zwerg.«

Liputto wollte mit seiner Nase ganz nahe ans Veilchen herankommen. Er zog sein Käppchen ab und legte es neben sich auf den

Boden. Vom Riechen wurde seine Nase ein wenig blau. War das herrlich! Er merkte nicht, dass der Menschenfuß jetzt eben über den Weg zurückkam. Erst als er ganz nahe war, hörte Liputto ein Stampfen und Poltern. Er vergaß das Käppchen aufzusetzen und guckte zum Menschenfuß hin. Es waren zwei Füße und darüber lange braune Röhren, weiter oben etwas Blaues und ganz oben ein Kugelkopf. Der hatte den Mund weit offen und starrte ihn aus Kugelaugen erschrocken an. Wie angewurzelt war der Mensch stehen geblieben. Jetzt merkte Liputto, dass der ihn sah. Flink griff er nach seinem Käppchen und setzte es auf. Husch – war er für den Menschen verschwunden.

Der Bauernknabe in den braunen Hosen und dem blauen Kittel guckte rundherum. Er sah keinen Zwerg mehr und war doch eben ganz nah vor ihm gewesen! Merkwürdig!
Am Abend erzählte der Knabe der Mutter vor dem Einschlafen: »Mutter, heute hab' ich beim Waldrand einen richtigen Zwerg gesehen, so wahr ich Hans heiße!«
»Ja«, sprach die Mutter, »da hast du Glück gehabt! Die zeigen sich heute nur noch selten.«
Die Bäuerin wusste wohl, dass es Erdmännlein gibt, hatte sie doch als Mädchen dann und wann auch Zwerge und Elfen erblickt.

Liputto und der lahme Schmetterling

Liputto wanderte weiter auf der Wiese. Was zappelte da im Grase? Es war ein gelber Schmetterling. Müde zuckte er von Zeit zu Zeit mit den Flügeln. Er konnte nicht mehr auffliegen.
Liputto trat zu ihm und fragte: »Was ist mit dir? Du bist ja ganz lahm!«
Der Schmetterling wisperte: »Ich kann nicht mehr! Der Regen hat mir den Farbenstaub von den Flügeln gewaschen, und so bin ich in die Gräser gefallen. Mir ist so schwach!«
Liputto sprach: »Wart, ich helfe dir!«
Er holte einen blühenden Löwenzahn, strich von ihm gelben Blütenstaub an einen Finger und tupfte dem Schmetterling sachte, sachte auf die Flügel.
Dann sprach er: »So, jetzt sauge dir noch etwas Honig aus der Blüte. Honig macht stark!«
Da streckte der Schmetterling sein Zünglein heraus und tauchte es in die Löwenzahnblüte. Er sog und sog. Liputto hob ihn auf

die Hand. Der Falter zitterte mit den Flügeln immer schneller, und plötzlich hob es ihn in die Luft. Dreimal flog er um Liputto herum und rief ein fernes »Dankeschön! Dankeschön!« Dann flog er froh über die Wiesenblumen hin.
Liputto sprach zu sich: »Ich wusste gar nicht, dass es in der Welt so viel zu tun gibt! Jetzt geh ich wieder in den Wald.«

Ein Vöglein ist aus dem Nest gefallen

Auf einem Baum im Walde war ein Vogelnest. Kleine Vöglein saßen darin. Sie waren vor einigen Tagen aus dem Ei geschlüpft. Die drei älteren hatten etwas Federflaum, das jüngste war noch ganz nackt. Es hatte sich beim Ausschlüpfen verspätet. Kein einziges Federchen zeigte sich auf seiner Haut. Wenn der Vogelvater oder die Mutter Futter brachte, streckten alle vier die Hälse lang und öffneten weit die Schnäbel. Da ist es passiert. Der Älteste tat beim Füttern so närrisch, dass der Kleinste einen Schubs kriegte und zum Nest hinunterfiel. Glücklicherweise auf weiches Moos. Da lag er nun und zappelte, der nackte kleine Vogel. Die Eltern hörten gleich mit Füttern auf. Sie hüpften am Boden um den Kleinen herum, piepsten und riefen in ihrer Angst, aber helfen konnten sie doch nicht. Das war ein Jammern und Klagen! Oben im Nest schrie es: »Wir haben Hunger, bringt uns zu essen!« Unten jammerte es: »Wie sollen wir den Kleinen hinaufbringen? Wir sind viel zu schwach! Wenn die Waldkatze kommt, frisst sie ihn auf! Pupupiepp, Pupupiepp!«
Eben kam Liputto durch den Wald gegangen. Er blieb stehen und lauschte. Was war das für ein Lärmen, Piepsen und Jammern? Er ging dem Geschrei nach und trippelte zur Vogelmutter.

»Was ist hier los? Was ist mit dir, dass du so schreist?«
Sie zeigte mit dem Schnabel auf das nackte Vögelchen im Moos und erzählte, was geschehen war. »Niemand kann ihn hinaufbringen, und Zwerge steigen auch nicht auf die Bäume. Wenn die Waldkatze kommt, ist unser Jüngstes verloren! Pupiepp, Pupiepp!«
Liputto blinzelte zum Nest hinauf. Ja, auf Bäume war er noch nie geklettert. Plötzlich sah er in der Nähe ein braunes Eichhörnchen auf einem Baumaste sitzen. Wenn im Walde etwas geschieht, sind Eichhörnchen immer neugierig und wissen alles zuerst. Liputto winkte es herbei, und es kam.
Er sprach: »Sag mal, Buschelschwänzchen, willst du mir helfen?«
»Was soll ich dir helfen?«, fragte es.
»Sieh dort den kleinen Vogel, ich möchte ihn hinauf in sein Nest bringen. Ich halte mich an deinem Schwanz, und du ziehst mich hoch!«
Als die Vogeleltern das hörten, begannen sie freudig zu zwitschern.
Eichhörnchen schlug vor: »Den Kleinen nehm' ich zwischen die Zähne wie einen Tannzapfen und bring' ihn hoch.«

Wie aus einem Schnabel schrien die Eltern: »Nein, du zerbeißt ihn, du zerbeißt unser Kind. Pupiepp, Pupiepp!«
Liputto beugte sich zur Erde, nahm den armen Kleinen in die Hand und sprach zum Eichhörnchen: »Buschelschwänzchen, ich bin federleicht. Mach wie ich gesagt habe. Ich halte mich an deinem Schwanz. Spann an und zieh mich hoch, aber bitte ein wenig sanft!«
So langsam und ohne Rucken und Zucken war Eichhörnchen noch nie auf einen Baum geklettert, wie jetzt mit Liputto. Die Vogeleltern flogen mit von Ast zu Ast und vergaßen ihr Piepsen. Oben beim Neste angekommen, legte Liputto das kleine Vögelchen wieder zu den andern.
Der Vogelvater aber sprach zum Ältesten: »Wenn du beim Füttern noch einmal so herumhoppst, wie du getan, hack ich dir mit dem Schnabel auf den Kopf!« – Der Älteste schämte sich und gab von nun an Acht auf den kleinen Bruder.
Eichhörnchen fragte Liputto: »Soll ich dich wieder hinunterbringen?«
»Nein«, antwortete nun dieser, »hinunterrutschen kann ich von allein.«
Bevor die Vogeleltern richtig danken konnten, war Eichhörnchen schon wieder weitergehüpft von Ast zu Ast, von Baum zu Baum. Da dankten sie Liputto und steckten ihm zwei Federn in sein Blau-Mützchen, eine von der Vogelmutter, eine vom Vogelvater.
Liputto begann am Baumstamm hinunterzurutschen. Das machte viel Spaß. Von diesem Tage an gaben die Vogeleltern dem Kleinsten immer zweimal nacheinander Futter. Da kam ihm der Flaum, da sprossten die Federn, und er ist nie mehr zum Nest hinausgefallen, bis er schön fliegen konnte.

Liputto rettet ein Häslein

Die Hasenmutter hatte im Walde in einem Gebüsch ein Nest gehabt mit drei jungen Häschen. Zwei hatte ihr der Fuchs geholt, jetzt hatte sie nur noch eines.

Sie sprach zum Häschen: »Komm mit mir in die Welt! Hier haben wir vor dem Fuchs keine Ruh. Hüpf′ immer ganz nah hinter mir her, dass ich dich nicht auch noch verliere.«

Häschen fragte: »Ist das weit bis in die Welt?«

Hasenmutter antwortete: »Nicht so weit, nur bis zu der großen Waldwiese. Da gibt es keine Bäume mehr, da wird der Fuchs nicht hinkommen.«

Sie hoppelten und hoppelten und hoppelten und kamen zur Waldwiese. Hoch stand da das Gras. Mancherlei Blumen leuchteten im Grün.

Hasenmutter sprach: »Hier im Grasversteck wartest du ganz ruhig am Fleck und gehst nicht weg, bis ich zurückkomme!«

»Mutter, wo gehst du hin?«

»Vor dem Wald gibt es einen Rübenacker. Ich bring dir was Gutes mit!«

Mit der Pfote drückte die Hasenmutter dem Jungen auf den Kopf, dass es ganz tief niederkuschte. Sie sprach: »Bleibe so schön stillgeduckt, dann findet der Fuchs dich nicht.« Die Mutter hoppelte davon, schaute noch einmal zurück und war zufrieden, als sie von ihrem Jungen nichts mehr bemerkte.

Liputto sah die Hasenmutter gerade aus der Waldwiese kommen. Er dachte: Hat sie wohl da drinnen im Gras ihr Nest mit den Jungen? Weil er fürs Leben gern junge Häschen sah, schlich er auf der Hasenmutter-Spur zurück in die Waldwiese. Starr wie ein braunes Stück Holz lag das Häschen im Grase. Liputto hatte es entdeckt.

Leise redete er es an: »Häschen, wo ist deine Mutter hin?«

Es gab keine Antwort und bewegte sich nicht. Nur die Ohren zitterten ein wenig vor Angst. Liputto guckte sich das Tierchen von allen Seiten an und begab sich wieder in den Wald zurück.
Als er sich am Waldweg auf einen Stein setzte, hörte er plötzlich einen fürchterlichen Lärm. Ein Bauer fuhr mit einer Gras-Mähmaschine heran. Wie das ratterte: ratata, ratata, ratata! Schnell versteckte sich Liputto ins Waldgebüsch. Dieser Lärm war ihm zuwider. Die Mähmaschine ratterte vorbei, und es stank entsetzlich! Plötzlich kam Liputto der Gedanke: Der Bauer geht in die Waldwiese, Gras mähen. Das arme Häslein!
Mit langen Sätzen sprang er der Maschine nach. Sie war aber vor Liputto bei der Waldwiese angekommen und begann, am Wiesenrand zu mähen: ratata, ratata!
Liputto rannte in die Wiese hinein zum Häschen und rief: »Häschen, komm mit mir, komm schnell! Der große Grasfresser kommt!«
Aber Häschen zog sein Fell ein wenig zusammen, legte die Ohren ganz flach und schloss die Augen. Es drückte sein Köpfchen auf den Wiesenboden und blieb still. Ratata, ratata, ratata, ratterte die Mähmaschine und kam schon näher.
Liputto hob ein Ohr des Häschen hoch und rief: »Komm mit mir, ich bring dich zur Mutter. Ratata schneidet dir die Ohren ab!«
Jetzt zuckte das Häschen zusammen und fragte: »Hab' ich meine Ohren noch? – Ja? – Wenn du mich zur Mutter bringst, komm ich mit!«
Liputto nahm ein Hasenohr in seine Hand, um es so besser zu führen. In diesem Augenblick fuhr die Mähmaschine mit ihren Messerzähnen scharf an ihnen vorbei. Häschen war so erschrocken, dass es einen wilden Sprung machte. Das Ohr entglitt Liputtos Hand. Häschen rannte quer über die Wiese in den Wald hinein, Liputto auf und nach. Er hatte seine liebe Not, ihm zu folgen. Doch er schaffte es und sah es unter einen Farnkrautbusch verschwinden. Da hämmerte des Häschens Herz; aber Liputto kam zu ihm und streichelte es, bis die struppigen Härchen sich glatt legten.

Mittlerweile hatte die Hasenmutter auf dem Rübenacker des Waldbauern einige Rotrüben verzehrt. Ein kleines Rübchen nahm sie zwischen die Zähne, um es ihrem Kind in die Waldwiese zu bringen. Als sie dort ankam, fiel ihr vor Schreck das Rübchen aus dem Maul. – Die ganze Wiese war abgemäht, die Mähmaschine war zurück auf den Bauernhof gefahren. Sie sprang über das abgemähte Gras in die Kreuz und Quer und suchte ihr Junges. Sie rief und lockte. Kein Häschen gab Antwort. Da begann sie im Gras überall herumzuscharren und zu schnuppern, hier und dort. Vom Häschen keine Spur. Verzweifelt legte sich die Hasenmutter ins Gras. Sie streckte die Beine lang und bekam ganz starre, weite Augen. So blieb sie in ihrem Kummer liegen.

Im Farnkraut überlegte Liputto: Wo kann ich die Hasenmutter finden? Als das Häschen wieder ganz ruhig war, sprach er: »Bleibe hier schön still! Ich geh deine Mutter suchen und bringe sie her.«
Kaum war Liputto hervorgekrochen, begegnete er dem Eichhörnchen.
Er fragte: »Hast du eine Hasenmutter gesehen?«
»Ja, die ist vorhin zur Waldwiese gehoppelt.«
Liputto wusste genug. – In der Waldwiese fand er sie, wie tot, ausgestreckt im Grase liegend.
»Hasenmutter«, sprach er, »dein Häschen lebt. Es ist im Wald im Farnkraut versteckt. Ich habe es vor der schrecklichen Mähmaschine gerettet.«
Langsam zog die Hasenmutter die Pfoten an sich heran. Jetzt hob sie den Kopf, stellte die Ohren hoch.
»Guter Zwerg«, sprach sie, »sag es mir noch einmal.«
Liputto wiederholte seine Worte. Er fuhr fort: »Komm, ich führe dich zu ihm!«
Er brachte Hasenmutter zum verborgenen Farnkrautstrauch. Sie roch das Kleine und schlüpfte zu ihm hinein. Alles blieb still. Nach einer Weile guckte Liputto unters Farnkraut. Da lag die Hasenmutter, und das Häschen trank Milch bei ihr. Sie leckte mit der Zunge sein Fell.
Als sie Liputto erblickte, sprach sie: »Guter, lieber Zwerg, du hast mein letztes Häschen gerettet! Wie soll ich dir danken? Willst du bei mir etwas Hasenmilch trinken?«
Liputto lächelte und schüttelte den Kopf. Er antwortete: »Nein, gute Häsin, ich gehöre zu den Waldmännchen, die keine Erdenspeise brauchen.« Da erzählte ihm die Häsin von ihrem Unglück mit dem Fuchs. Liputto sprach: »Nicht weit von hier gibt es einen Moorwald. Da hat's überall viel Wasser im Boden. Das lieben die Füchse nicht. Dort gibt's keinen einzigen Fuchs!«
Liputto führte die Hasenmutter und ihr Junges zum Moorwald. Sie kamen an der Waldwiese vorbei. Plötzlich blieb die Häsin stehn und

schnupperte. Sie machte einige Sprünge. Was hatte sie gefunden? Das verlorene Rübchen. Sie legte es ihrem Häschen vor die Nase. So gab es eine Rübchen-Fresspause. Als sie gegen Abend zum Moorwald kamen, nahm Liputto Abschied von den beiden. Er sah sie in der Höhlung eines Wurzelstockes verschwinden. Hier konnte Häschen von nun an ohne Furcht wohnen und ist ein großer, schneller Hase geworden.

Brüderchen und Schwesterchen am Felsenpfad

Es waren einmal ein Brüderchen und ein Schwesterchen. Sie waren Zwillinge und hatten es schön miteinander. Beim Spielen war das Brüderchen oft das Pferd. Das Schwesterchen saß auf ihm als Prinzessin und konnte reiten. Ein andermal war Schwesterchen der Esel, Brüderchen der Bauer, und er konnte auf dem Esel reiten.

Als sie einmal bei Tische am Essen waren, sprach der Vater zur Mutter: »Der Frühling hat den Schnee weit den Berg hinaufgetrieben. Jetzt wachsen im Bergwald die ersten Leberblümchen, und im Felsen blühen die Frühlingsprimeln.«

Antwortete die Mutter: »Die Leberblümchen mag ich so gern; sie haben so schöne Sternenaugen, und die Felsenprimeln duften so herrlich! Da möchte man ein Schmetterling sein und gleich hinauffliegen.«

Als sie am Abend im dunklen Zimmer in ihren Bettchen lagen, sprach Brüderchen: »Schwesterchen, übermorgen hat unsere Mutter Geburtstag. Wir wollen ihr eine Freude bereiten. Ich weiß etwas!«

Fragte Schwesterchen: »Was weißt du denn?«

Brüderchen flüsterte: »Wir gehen morgen Nachmittag zusammen in den Bergwald und holen der Mutter einen Strauß Leberblümchen; die haben so schöne Sternenaugen.«

Sprach Schwesterchen: »Aber wir müssen ja nachmittags in den Kindergarten!«

Antwortete Brüderchen: »Tut nichts! Unsere Kindergärtnerin ist so lieb, die versteht, dass wir den Nachmittag für Mutters Geburtstag brauchen. Nur bitte nichts sagen. Das ist unser Geheimnis.«

Schwesterchen fand es schön, ein Geheimnis zu haben.

Am folgenden Nachmittag wanderten die beiden Kinder dem Bergwald zu. Schwesterchen sprach: »Schau, von oben kommt ein Nebel!«

Brüderchen antwortete: »Tut nichts, die Blümchen können wir trotzdem finden.«

Sie kamen in den Bergwald. Bei einem großen Steine ruhten sie ein wenig aus. Sie bemerkten nicht, dass auf diesem Steine oben drauf Zwerg Liputto saß, denn er hatte das blaue Käppchen aufgesetzt, das ihn unsichtbar machte. Dem Schwesterchen war ein bisschen bange. Keine Sonne schien, und die Tannen standen so finster. Es begann ein Lied zu singen, das sie im Kindergarten gelernt hatten. Es sang vom Frühling und »Alle Vögel sind schon da«. Brüderchen sang mit. Liputto fand es herrlich, wenn Menschenkinder singen. Unbemerkt lief er ihnen hinterher.

Plötzlich rief Brüderchen: »Dort bei der großen Tanne ist es blau!«

Er sprang hinzu und begann Leberblümchen zu pflücken. Auch für das Schwesterchen hatte es genug. So trugen beide im Nu ein blaues Sträußchen in der Hand. Bald kam wieder steiniger Boden. Da gab es keine Blumen mehr.

Schwesterchen sprach: »Wir wollen nicht weiter den Bergwald hinaufsteigen. Lass uns zurückkehren!«

Brüderchen erwiderte: »Dort vorn gibt es weniger Bäume. Dort beginnt der Fels, da könnt' es Bergprimeln haben. Mutter sagte: die riechen so schön!«

Schwesterchen schwieg und versuchte mit Brüderchen Schritt zu halten. Auf einmal wehte von oben ein Nebelband abwärts und senkte sich in den Bergwald.

Schwesterchen sprach: »Gib mir die Hand, es wird so kühl!«

Der Nebel wurde dichter, sodass sie den Weg verloren. Wiederum bat Schwesterchen: »Wir wollen zurück! Mir wird so angst.«

»Nein«, sprach Brüderchen, »der Nebel weht wieder weg. Zu den blauen Leberblümchen gehören einige goldgelbe Bergprimeln, und die riechen so wunderbar.«

Liputto war den Kindern immer gefolgt und hörte alles, was sie sprachen. Er bemerkte, wie sie geradewegs auf einen Felskopf zuliefen, der vorne steil ins Tal hinunterstürzte. »Das gibt ein Unglück«, dachte Liputto, »jetzt muss ich mein Käppchen abziehen.« Er huschte an den Kindern vorbei, stellte sich hin und zog sein Käppchen ab. Er erhob ein Fingerchen. Das sollte heißen: »Gebt acht! Gebt acht!«

Da Schwesterchen immer auf den Boden guckte und Brüderchen nach vorne, sah er Liputto zuerst. Mit einem Ruck blieb er stehen und zeigte mit der Hand nach vorne.

»Sieh, Schwesterchen!«, flüsterte er.

Es hob den Kopf, riss Augen und Mund vor Erstaunen auf und schaute zum Männchen im Nebel hin. Liputto lächelte so freundlich, dass die Kinder gar keine Furcht ankam. Jetzt schwenkte das Männchen seinen Mahnfinger hin und her, als ob er sagen wollte: Nicht weiter! Es trat nahe an Brüderchen heran und streckte ihm eine Hand hin. Brüderchen meinte, es wolle um die Blumen bitten, und bot sein Sträußchen an. Wieder sagte das Fingerchen: Nein! und zeigte auf die andere Hand. Brüderchen reichte sie dar. Liputto nahm ihn bei der Hand und führte ihn zurück. Schwesterchen fasste Brüderchen am Kittel. So wanderte das Männchen mit ihnen bergab.

Zeitweise wurde der Nebel so dicht, dass sie nur ganz langsam, Schritt für Schritt, vorwärts kamen. Alleine hätten sie keine Richtung mehr gefunden und wären elend über den Felsen gestürzt. Auf

einmal waren sie wieder auf dem Bergweg. Weiter unten wich der Nebel nach und nach. Während der ganzen Zeit trug Liputto sein Käppchen in der einen Hand.

Als sie zum unteren Wald kamen, ließ Liputto beim Waldausgang die Hand des Brüderchens los. Er kletterte flink auf den großen Stein am Ausgang des Waldweges. Kein einziges Wort hatte er die ganze Zeit gesprochen, aber nun deutete er auf den Mund und deutete wieder auf Schwesterchen. Er taktierte mit einer Hand munter in die Luft.

Brüderchen verstand, was er meinte, und sagte zu Schwesterchen: »Er möchte singen hören!«

Alsbald begannen beide: »Alle Vögel sind schon da …« Da tanzte das Männchen auf dem Stein herum und bewegte seine Arme wie kleine Flügel.

Plötzlich ließ sich von ferne ein Rufen vernehmen. Der Gesang verstummte, das Männchen stülpte sein Käppchen auf und … weg war es. War das nicht Mutters Stimme?

Im Dorfe unten war in dieser Zeit etwas geschehen. Als die beiden Kinder nicht wie sonst immer in den Kindergarten kamen, schickte die Kindergärtnerin einen Boten zur Mutter ins Haus, zu fragen, ob die Kinder krank wären.

Als die Mutter vernahm, dass die Kinder nicht im Kindergarten wären, ging sie gleich mit auf den Weg. Eine Bäuerin, die eben vom Felde kam, begegnete ihr.

Sie sprach zur Mutter: »Ich habe eure beiden Kinder ganz allein gegen den Bergwald wandern sehen!«

Da Vater nicht zu Hause war, eilte die arme Mutter voll Angst dem Bergwald zu. Es war wirklich ihr Rufen, das Brüderchen gehört hatte und auch Liputto.

Gleich gaben die Kinder Antwort, jauchzten und eilten abwärts. Aber wie erschraken sie, als sie Mutter in Angst und Tränen begegneten. Nur drei Worte sprach sie und schloss die Kinder in ihre Arme: »Gott sei Dank!«

Als alle drei gemeinsam dem Dorfe zu wanderten, Hand in Hand, bemerkte die Mutter erst richtig, dass ein jedes der Kinder ein Sträußchen von Leberblümchen hatte.
Brüderchen verriet: »Mutter, die kriegst du morgen, für deinen Geburtstag. Schau, ihre Äuglein sind wie Sterne! Bis zu den Felsprimeln sind wir nicht gegangen. Der Nebel kam.«
Am Abend brachte die Mutter die Kinder zu Bette. Sie sprachen ihr kleines Kindergebet:

»O Engel, mein Schutzengel mein,
du Gottes Edelknabe,
lass mich dir anbefohlen sein,
solang ich Odem habe.«

Da sprach die Mutter: »Heut, Kinder, hat euch der Schutzengel wirklich behütet. Wir wollen ihm fest dankbar sein!«
Brüderchen schaute Schwesterchen an, Schwesterchen schaute Brüderchen an und sprach: »Mutter, bei uns heute war es ein Zwergenmännchen, das uns aus dem Nebel geführt hat.«
Brüderchen ergänzte: »Als es mir die Hand gab, meinte ich, einen Fetzen Tuch anzufassen, und kalt war sein Händchen.«
Die Mutter dachte: »Was fabulieren sie da?«
Schwesterchen fügte bei: »Und dann mussten wir ihm ein Lied singen, und es hat auf dem Stein herumgetanzt.«
Die Mutter lächelte und sprach: »Schlafet wohl, ihr beginnt ja schon zu träumen!«
So hatten Brüderchen und Schwesterchen ihr schönes Geheimnis, denn sie merkten, den großen Leuten konnten sie das nicht so recht erzählen. Oft noch haben sie im Sommer im Bergwald nach dem Männchen Ausschau gehalten, aber Liputto war weitergezogen.

Liputto und der Silberbecher

Als Liputto die beiden Kinder zu ihrer Mutter zurückgebracht hatte, stieg er aufwärts ins Gebirge. Hoch oben rauschte ein Wasserfall. In der Nähe legte er sich nieder auf weiches Moos. Er schaute den stürzenden Wassern zu. Von unten herauf wirbelten ferne Wolken von Wassertröpflein durch die Luft. Als er eine Weile ins Wassertropfenspiel schaute, gewahrte er darin die fernen Wasserelfen. Sie schwebten auf, sie schwebten nieder und drehten sich in leuchtenden Kreisen. Der Abend dämmerte. Der Mond ging auf. Liputto weilte immer noch beim Wasserfall und sah dem Wasserelfen-Reigen zu. Auf einmal trat aus dem Felsen eine helle Gestalt. War es eine Fee? In der Hand trug sie einen kleinen silbernen Becher. Sie schwebte heran und sprach: »Lieber Liputto, die Elfen des Waldes haben mir erzählt, wie du Pflanzen und Tieren geholfen hast: dem Vöglein, das aus dem Neste gefallen war, und dem verirrten Häschen. Sogar Menschenkinder hast du beim Felsen vor dem Hinabstürzen bewahrt! Zum Lohne schenke ich dir hier ein Becherlein. Darin sind viele silberne Tröpfchen aufbewahrt, aus dem Licht von Sonne, Mond und Sternen gebildet. Mit diesem Becher kannst du in der Welt viel Gutes tun. Trage Sorge dazu! Gib ihn nie in fremde Hände. Ein übler Kobold könnte damit Böses verrichten. Merk auf! Mit diesem Becher wirst du für Kinder ein Schlaf- und Traummännchen sein. Keine Türe ist dir verschlossen. Wenn Kinder schlafen oder träumen, geh zu ihnen. Gibst du ein Silbertröpfchen auf ihre schlafende Hand, bekommen sie am nächsten Tag arbeitsame, flinke Hände. Gibst du ein Tröpfchen auf ihr Herz, möchten sie am nächsten Tag etwas Gutes, etwas Schönes vollbringen. Gibst du ein Tröpfchen auf ihren Kopf, werden sie gute Gedanken haben.«

Liputto fragte: »Was geschieht, wenn das Becherlein leer wird?«

Die Fee antwortete: »Dann kommst du beim Mondenschein wieder hierher und rufst mich. Du kannst mir erzählen, was mit den Tröpfchen geschehen ist, und ich fülle dir den Becher wieder aufs Neue.«
Nach diesen Worten überreichte ihm die Fee den Silberbecher. Als Liputto ihn in seine Hand nahm, war er ganz warm anzufühlen. Die Fee winkte zum Abschied mit leichter Hand und verschwand. Lange staunte Liputto in den Wunderbecher hinein, und er dachte: Nun muss ich doch zu den Menschen gehen.

Liputto geht zu den Kindern

Zwei Tage war Liputto durch einsame Berggegenden gewandert. An einem Abend kam er in ein grünes Tal. Er schaute von oben hinunter und sah, als es dunkelte, Lichter heraufglänzen. Aha, dachte er, das sind Menschenhäuser. Jetzt gehen die Kinder schlafen. Dort unten könnte ich heute Nacht einige Tropfen aus dem Silberbecher verschenken. Gesagt, getan!

Das erste Haus, zu dem er kam, war ein Bauernhaus. Die drei Kinder schliefen schon in ihren Betten, zwei Buben und ein kleines Mädchen. Ungesehen trat Liputto in die Bauernstube. Vater und Mutter redeten miteinander.

Die Mutter erzählte: »Mit Fritz und Karl war ich heute gar nicht zufrieden. Als du weg warst, stritten sie den halben Tag miteinander und haben wenig gearbeitet. Schließlich hat Fritz den Karl mit einem Stecken an den Kopf getroffen, als er wild damit herumfuchtelte. Karl blutete. Ich musste ihm den Kopf verbinden. Es ist nicht schlimm, aber wie leicht hätte er ihm ein Auge verletzen können!«

Der Vater runzelte die Stirne und sprach: »Ich hätte gute Lust, den Fritz gleich aus dem Bett zu holen und ihm einige auf den Hintern zu verpassen! Der Lausbub!«
Die Mutter schüttelte den Kopf und antwortete: »Nein, Vater, lass ihn jetzt schlafen. Manchmal macht der Schlaf es wieder gut. Die Buben hatten heute einen schlechten Tag. Beim Kuhmelken haben sie mir wacker geholfen.«
Liputto wusste genug.
Die Kinder schliefen oben in der Kammer. Unhörbar stieg er hinauf zu ihnen. Fritz, der Übeltäter, schlief da mit offenem Mund. Seine Hände lagen fest zu Fäusten geballt auf der Decke.
Aha, dachte Liputto, dem spannt's noch immer! Er tauchte den Finger in den Silberbecher und gab dem Fritz ein Tröpfchen auf die eine Faust. Liputto konnte zuschauen, wie beide Fäuste sich langsam öffneten. Der Mund schloss sich zu. Fritz stöhnte leise. Liputto lächelte und dachte: Jetzt schämt er sich ein bisschen im Schlafe.
Er trat zu Karl. Dieser hatte die halbe Stirn eingebunden. Liputto tauchte den Finger in den Becher und spritzte ihm einen Tropfen mitten auf die Stirn. Der Schläfer wackelte zwei-, dreimal mit dem Kopf und verzog den Mund zum Lachen. Liputto dachte: Jetzt hat er einen schönen Traum!
Er trat zum Bettchen von Klein-Mariechen. Der Mond schimmerte etwas Licht auf ihr Gesicht. Liputto dachte: Es sieht im Schlafe aus wie ein kleiner Engelskopf; es ist in guter Hut und braucht keinen Tropfen von mir. Wie er so hinschaute, erblickte er das feine rote Mündchen. Da konnte er nicht anders: Er tauchte den Finger in den Becher und ließ den Lichttropfen auf Mariechens Lippen fallen. Es verzog den Mund und summte leise: »Li li lu boo!«
Liputto dachte: Morgen werde ich sehen, was aus den Tropfen bei Fritz, Karl und Mariechen geworden ist.
Unten in der Bauernstube hatte Liputto in einem großen Topfe eine Zimmerlinde gesehen. Er begab sich dahin und kuschelte sich unter

ihren Blättern zusammen. Zwerge können stille ruhen und vor sich hindämmern; sie schlafen nicht so fest wie die Menschen.

Früh am Morgen erwachte Fritz, als er den Vater in den Kuhstall gehen hörte. Vater stand immer als Erster auf. Liputto freute sich, ungesehen von allen zu beobachten, was nun geschah. Fritz, als er den Vater hörte, schwang sich gleich aus dem Bette, stürzte sich in Hosen, Kittel und Schuhe. Vor dem Hause tauchte er den Kopf in den Brunnentrog und wusch sich die Hände.

Kurz danach erschien er beim Vater und sprach: »Heute bin ich früh erwacht! Ich gebe den Kühen das Futter, dann kannst du gleich melken.«

»Meinetwegen«, antwortete der Vater. Er dachte: Fritz will guten Wind machen, weil er gestern Unfug getrieben hat.

Kaum war Fritz mit Grasfüttern fertig, holte er den Kübel, schleppte Wasser und tränkte die Tiere. Ungeheißen begann er zu misten, dass Vater nur so staunte. Liputto hatte sich zwischen die Hörner einer Kuh gesetzt, das war ein guter Sitz. Er freute sich an Fritzens Eifer. Aber nun wollte er sehen, was Karl unternahm.

Laut hatte die Treppe geknarrt, als Fritz hinuntergestürmt war. Das hatte Karl geweckt. Auch er kleidete sich flink an und begab sich in die Küche. Liputto hörte, wie er der Mutter erklärte:

»Heute bereite ich das Frühstück! Lass mich die Kartoffeln braten!«

Mutter fragte: »Was macht dein Kopf?«

Karl antwortete: »Tut nicht mehr weh. Ich möchte die Lumpen weghaben!«

»Nach dem Frühstück! Bevor du zur Schule gehst!«

Sie ließ Karl in der Küche gewähren und begann, den Waschtag vorzubereiten.

Auf einmal begann es oben in der Kammer zu singen und zu jauchzen. Nicht lange ging's, da kam Mariechen singend, mit der Puppe auf dem Arm, im Nachthemd die Treppe heruntergestiegen.

Es trat zur Mutter und fragte: »Mutter, haben es die Tiere gern, wenn man singt?«

»Gewiss«, antwortete die Mutter, »man sagt, wenn man den Kühen singt, geben sie mehr Milch.«

Gleich schlüpfte Mariechen in die Stiefel und begab sich singend, im Nachthemd samt Puppe, in den Kuhstall. Mutter dachte: Was hat das Kind heute für einen Singsang-Tag? Es singt ja alles eigene Lieder, die ich noch nie gehört habe.

Vater hatte Spaß daran, wie die Kleine zum Melken sang. Als die Kuhschwänze hin und her baumelten, rief Mariechen: »Schau Vater, die machen zu meinen Liedern den Takt!«

Vom Stall begab sich die Kleine zum Hühnerhof und sang dem Federvieh.

Plötzlich krähte der Gockel, mitten in ein Liedchen. Mariechen dachte: Endlich jemand, der mitsingt!

Mutter musste die Kleine zum Frühstück hereinholen.

Als die ganze Familie beim Tische versammelt war, nahm Liputto unsichtbar auf dem Küchenschrank Platz.

Der Vater sprach: »So viel wie heute hat mir Fritz noch nie im Stalle geholfen. Er bekommt Kraft in die Glieder!«

Mutter fiel ein: »Und Karl hatte den guten Gedanken, am Waschtag uns allen das Frühstück zu bereiten!«

Mariechen aber rief: »Und mir sind die Lieder gekommen, grad eins ums andere. Sicher hat jede Kuh einen Liter mehr Milch gegeben, und die Hühner werden heute gut legen! Singen ist grad so wichtig wie Kochen und Stallmisten!«

Als alle lachten, meinte die Mutter: »Ja, ja, Mariechen, singe so viel du magst; das ist nicht nur gut für die Tiere, sondern auch für uns Menschen. Singen macht die Herzen froh!«

Karl bemerkte: »Wenn wir in der Schule singen und einer treibt Unfug, statt mitzusingen, wird der Lehrer böse. Dann bricht er das Singen ab, und wir müssen schreiben statt singen.«

Liputto rätselte: Was ist das wohl – »schreiben« – statt singen? Und was ist das »Schule«? Das möcht' ich mir angucken. – Aufmerksam verfolgte er, wie das Gespräch weiterging.

Plötzlich rief die Mutter: »Es ist schon spät! Buben, macht euch bereit zur Schule! Vorwärts!«
Liputto dachte: Da lauf ich hinterher und schau mir das an!

Liputto besucht die Schule

Liputto staunte, wie viele Kinder auf das große Haus unten im Tal zuwanderten. In der Nähe des Eingangs blieb er stehen. Fritz und Karl verschwanden durch das Tor. Fast alle Kinder scharrten vor der Tür mit den Füßen; einige gingen hinein, ohne zu scharren. Liputto dachte, das sei wohl der Schulhaus-Gruß: mit den Füßen scharren, und scharrte auch.
Plötzlich schrillte eine Glocke. Ein kleines Mädchen eilte als Letztes heran. Mit ihm schlüpfte Liputto durch die Türe. Das Mädchen zog in einem langen Gang seine Schuhe aus und schlüpfte in Pantoffeln. An einem Haken hängte es ein Kleidungsstück auf. Bei der Schulstubentür stand ein Mann und gab dem Mädchen die Hand. Freundlich sprach er: »Guten Morgen, Franziska! Ein bisschen spät heute?«
Liputto hätte dem freundlichen Manne auch gerne die Hand gegeben, aber er war für ihn ja unsichtbar. Er schlüpfte ihm zwischen den Beinen durch in die Klasse. So viele Menschenkinder hatte Liputto noch nie beisammen gesehen. Wie das in der Luft zappelte! Jetzt erhoben sich alle von ihrem Sitz, falteten die Hände und es wurde herrlich still. Aber plötzlich sprachen alle mit lauter Stimme den Morgenspruch. Das brauste Liputto ganz brav um die Ohren. Nun begann der Mann ein Lied von der Sonne anzustimmen. Das tönte und klang wunderbar. Als sich die Kinder wieder gesetzt hatten, wurde es nach und nach so still, man hätte ein Mäuschen trippeln hören …

Und dann fragte der Mann (Liputto dachte: Das muss der Kindermeister sein): »Wer kann uns heute einen schönen Traum erzählen?« Sieh, der Karl meldete sich.

»Mir hat heute Nacht etwas Lustiges geträumt. Als ich am Einschlafen war, trat ein kleines Männchen mit einem Becher zu mir. Er tauchte den Finger hinein und spritzte mir einen Tropfen auf die Stirn. Aus dem Tropfen wurde ein Schifflein. Statt Ruder hatte es Flügel an den Seiten. Die konnte ich wie Ruder bewegen. Es hob sich mit mir in die Luft über die Wolken bis zu den Sternen. Von jedem Stern konnte ich Sternschnuppen einsammeln und ins Schiffchen legen. Davon wurde es immer schwerer und sank mit mir wieder hinunter zur Erde. Ich landete in der Backstube des Dorfbäckers Schlumpf. Der sprach: ›Was hast du da für schönes Mehl? Davon back' ich dir ein Brot. Hilf mir kneten!‹ Er schüttete Wasser ins Boot, und wir kneteten und kneteten das Mehl zu Teig. Das gab einen so großen Klumpen, dass Schlumpf jammerte: ›Mein Backofen ist ja viel zu klein!‹ Da bin ich erwacht und hab' gelacht.«

Alle Kinder lachten mit. Der Kindermeister sprach: »Das ist eine lustige Geschichte. Wir alle schreiben auf, was Karl erzählt hat. Wer fertig ist, darf ein Blatt holen und dazu eine Zeichnung machen.«
Liputto traute seinen Augen kaum, als es plötzlich ganz still wurde und jedes Kind auf einem Blatte herumkritzelte. Er ging näher heran. Was waren das für schnörkelige Zauberzeichen? Es wurde ihm plötzlich unheimlich. Er sprang beim offenen Fenster auf das Gesimse und rutschte am Dach-Wasserrohr hinunter in den Schulhof. – Nein, Schule, das war nichts für Liputto. Lieber wieder zu den Blumen, zu den Bäumen und den Tieren!

Weitere Wege

Noch einmal wollte Liputto zum Bauernhof zurück, um nach Mariechen zu gucken, denn er liebte kleine Kinder. Er dachte: Ich könnte mein Käppchen vom Kopfe nehmen, dass sie mich sieht und mit mir spielt. Schon von Weitem hörte er die Kleine singen. Sie saß unter einem Apfelbaum und wiegte eine Puppe in den Schlaf. Liputto nahm sein Käppchen vom Kopfe und trat zu ihr. Der Gesang brach ab. Mit großen Augen schaute Mariechen Liputto an. Doch ihr Blick richtete sich auf den Becher.
»Bringst du mir zu trinken, Männchen?«, fragte sie ohne jede Scheu.
Liputto antwortete: »Es ist kein Trinkbecher; es ist ein Wanderbecher.«
»Aber er hat ja keine Füße zum Wandern!«
»Ich bin seine Füße«, erwiderte Liputto.
Fragte Mariechen: »Kannst du mir ein Lied singen?«
Noch nie hatte Liputto gesungen. Er schüttelte verlegen den Kopf.
»Dann sing ich dir«, sagte die Kleine und begann:

»Schmetterling fliegt li-la-la,
Bienchen summt brum-brum-brum,
Schwalben fliegen zi-zi-zi,
kräht der Gockel kikeriki!«

Liputto fand es wunderbar, wie das aus dem kleinen Menschenmund heraustönte. Sachte setzte er sein Mützchen auf und war verschwunden. Mariechen hatte mit Singen aufgehört und guckte umher: »Wo bist du liebes, kleines Männchen? – Ist fortgegangen mit dem Wanderbecher!« Gleich fing sie wieder an zu singen:

»Männchen klein, geht allein
in die weite Welt hinein,
Becherlein, Becherlein
glänzet silberfein.«

Sie sang und sang es immerzu, und heimlich lauschte ihr Liputto. Zum ersten Mal in seinem Zwergenleben wäre er gerne ein Menschenkind gewesen, um mit Mariechen singen zu können und zu spielen. Sollte er das Käppchen wegwerfen und versuchen, ganz ein Menschenkind zu werden?

Aber da tönte eine zarte Stimme aus seinem Becher: »Komm, Liputto, zum Wasserfall bei der Felsenschlucht! Ein Menschenkind ist in Gefahr!«

Mariechen sah nicht, wie er ihr zum Abschied winkte. Er eilte talauf und weiter in die Richtung, wo der Wasserfall brauste.

Plötzlich blieb er stehen. Auf der Alp am Berghang lag ein Knabe. Er musste im Felsen einen Misstritt getan haben und war abgestürzt. Es war der Ziegenhirt. Reglos lag er da. Etwas Blut floss aus einer Kopfwunde, aber seine Brust atmete. Friedlich weideten um ihn einige Ziegen. Liputto setzte sich zu ihm und gab von Zeit zu Zeit einen Tropfen aus dem Becher auf seine Wunde. Das Blut gerann. Liputto dachte: Er darf mich sehen. Ich will mit ihm sprechen. Er zog sein Käppchen ab. Es ging eine lange Zeit, bis der Knabe zu sich kam. Mit großen Augen schaute er Liputto ins Gesicht und presste die Lippen schmerzlich aufeinander.

»Tut's weh?«, fragte der Zwerg.

»Ein bisschen, wer bist du?«, flüsterte der Knabe.

Einen Augenblick blieb es still. Noch nie hatte der Zwerg einem Menschenkind seinen Namen gesagt. Zögernd antwortete er: »*Liputto* heiß ich.«

Mit leiser Stimme wiederholte der Knabe: »Liputto? – Schön!«

Zum ersten Mal hörte Liputto seinen Namen aus einem Menschenmund tönen. Er erschrak, und doch klang es gut. Er wusste plötzlich, dass er dem Knaben helfen musste und ihn nicht verlassen durfte, bis dieser auf eigenen Beinen weggehen konnte. Er begann, mit der Hand über des Knaben Kopf sanfte Kreise in die Luft zu ziehen, und flüsterte dabei: »Ruhig liegen, ruhig schlafen!«, und das wiederholte er so oft, bis der Hirtenknabe von Neuem in tiefem Schlafe lag.

In seinem langen Zwergenleben hatte Liputto einmal einen Heilkräuter-Zwerg als Freund gehabt und viel von ihm gelernt. Er wusste, dass den Menschen im Schlafe viel besser geholfen werden kann, als wenn sie wach sind. Liputto konnte sehen, wie's im Kopfe des Schläfers des Sturzes wegen unruhig flimmerte und zappelte wie in einem Ameisenhaufen. Je länger er seine stillen Kreise über dem Haupte zog und hin und wieder einen Tropfen aus dem Becherlein darüberspritzte, umso ruhiger atmete der Knabe. Nach und nach wich das Flimmern einem stilleren Leuchten. Liputto wusste: Der Knabe hat's überstanden! Sein Kopf wird vom Sturze keinen Schaden nehmen! Ich aber will bald hinüber zum Wasserfall und die Becherfee aufsuchen. Mein Becherlein ist fast leer.

Da der Hirte in einem Schuh ein Loch hatte und die große Zehe herausstreckte, konnte Liputto sich nicht zurückhalten, einen Spaß zu machen. Er nahm einen letzten Tropfen aus dem Silberbecher und tupfte ihn auf die herausguckende Zehe. Er dachte: Davon wird der

Hirte gute Lauf- und Steigbeine bekommen; die kann er gebrauchen in Fels und Gestein mit seinen Ziegen.
Noch immer schlief der Knabe. Liputto wachte neben ihm. Sein Käpplein hatte er wieder aufgesetzt, denn wenn der Knabe ihn dreimal bei seinem Namen nennen würde, müsste er mit ihm gehen. Es war gegen Abend. Eine große Ziege nahte sich dem Hirten. Ihr Euter war voll Milch. Sie wollte nach Hause, um sich melken zu lassen. Sie schnüffelte an seinem Kopfe, knapperte an seinen Haaren und ließ ein Meck-Meck ertönen. Der Knabe erwachte.
»Jaja, Muttli, ich komme!«
Dann aber strich er sich über die Stirne und schaute in die Runde.
»Libubo, wo bist du?«
Wie gut, dachte der Zwerg, er hat meinen Namen schon halb vergessen! Ich bin frei!
Der Hirte erhob sich, versuchte einige Schritte zu gehen. Ja, es ging! Die Beine trugen ihn wieder. Noch einmal guckte er in die Runde.
»Schade, Libubo ist weg; er war so lieb … oder hab ich es geträumt?«
Die Ziege rieb ihren Kopf an seiner Hand und meckerte wieder. Der Hirte steckte zwei Finger in den Mund und ließ einen lauten Pfiff erschallen. Da kamen die Geißen von allen Hängen gesprungen, dass die Glöcklein nur so bimmelten. Der Hirtenknabe aber tat etwas Sonderbares. Er trug einige Steine zusammen und baute sie übereinander zu einem kleinen Türmchen.
Dann sprach er bei sich selber: »Hierher will ich wiederkommen; da hab ich zum ersten Mal einen Zwerg gesehen!«
Eine Weile später schaute Liputto im Höhersteigen auf die Alp hinunter. Er sah, wie der Hirte mit den Ziegen talauswärts den Weg fürs Melken zu der Sennhütte einschlug. Nur ein klein wenig hinkte er noch, der Hirtenknabe.

Wiederum beim Wasserfall

Als Liputto durch das Gestein aufwärts zum Wasserfall stieg, sah er aus einer Felsenspalte etwas glitzern. Wie er hineinguckte, gewahrte er, dass es der Eingang zu einer Kristallhöhle war. Er schlüpfte hinein. Welch wunderbares Leuchten und feines Klingen von allen Seiten, von unten, oben und allüberall. Liputto wusste: Wenn ich jetzt hier verweile, vergesse ich für eine lange Zeit die Welt, die Fee und meinen Becher. – Kristalle können Zwerge verzaubern und festhalten. So gab er sich einen Ruck und stieg wieder zur Felsenspalte hinaus, aber er merkte sich gut, wo sie war. Eines Tages würde er zurückkehren.

Als er zum Wasserfall kam, schwebten im letzten Abendschein die Wasserelfen in den wirbelnden Tröpfchen. Kaum war das Licht verglüht, trat aus dem Felsen die Fee und winkte Liputto zu sich.

Sie sprach: »Dein Becherlein ist wohl leer. Erzähle, was mit den Tröpfchen geschehen ist! Doch zuerst sage mir: Wie geht's dem Hirtenknaben, von dessen Unglück mir eine Blumenelfe berichtet hat?«

Liputto erzählte, wie der Knabe elend lag, wie sein Kopf flimmerte, dass die Bechertropfen halfen und wie das Handkreisen über dem Kopfe Ruhe gab, bis das stille Leuchten kam. Die Fee lobte den Zwerg, und nun erzählte er von den Bauernkindern, von der Schule und besonders ausführlich von Mariechen. Als er berichtete, wie das kleine Mädchen den Kühen und Hühnern gesungen hatte, lachte die Fee silberhell.

»Gib mir dein Becherlein! Ich füll es dir wieder. Sieh aber zu, dass kein übler Kobold es erwischt. Ein gutes wie ein böses Wesen kann damit seine Kraft vergrößern. Warte hier, bis ich wiederkomme!«

Nach diesen Worten begab sich die Fee mit dem Becher ins Felseninnere und danach zu den Elfen beim Wasserfall, um mit ihnen neue Silbertropfen hineinzuzaubern. Liputto fand derweil bei einem gro-

ßen Stein einen Ruheplatz, und seine Augen dämmerten hinauf in die Sternennacht.

Er bemerkte nicht, dass zu dieser Zeit zwei üble Kobolde in der Gegend herumschlichen. Es war der Netzkobold! Er hatte einen Kumpan gefunden, den Zackkobold. Der Netzkobold hatte sich ein noch stärkeres Netz beschafft. Zackkobold hielt einen spitzen Haken in der Hand, mit dem er klauen konnte.

Netzkobold hatte belauscht, was die Fee zu Liputto gesagt hatte. Den Silberbecher beguckte er mit gierigen Augen von Weitem. Gleich krächzte er leise zu Zackkobold: »Nimmt mich wunder, was in dem Becher drin ist!«

Zackkobold flüsterte: »Wir wollen warten und ihn klauen!«

Sie schlüpften nicht weit von Liputto unter einen großen Stein in ein Versteck, um zu beobachten, was geschähe. Sie mussten lange warten, bis die Mond- und Nachtelfen die Bechertropfen gebildet hatten.

Es ging schon gegen Morgen. Der Mond und die Sterne verblassten. Aus dem Felsen trat die Fee. Sie schwebte in einem feinen Nebelschleier zu Liputto, überreichte ihm den Becher, streichelte seine Hände und wünschte gute Reise. Liputto dankte und verneigte sich tief, bis die Fee wieder im Felsen verschwunden war.

Als er in den Becher schaute, glänzte es hell in seine Augen, dass ihm gleich ein guter Gedanke kam: Ich will heute eine Pflanzenreise machen und da und dort auf Wiesen und in Wäldern feine Tröpfchen verstäuben. Alles soll gut gedeihen: das Gras für die Kühe, die Heilkräuter für Menschen und Vieh, die Beeren für die Vögel, Nüsse und Früchte an den Bäumen und Sträuchern! Liputto hatte bemerkt, dass er mit einem Grashalm winzige Tröpfchen aus dem Becher holen konnte. Er tupfte sie an die Bergheilkräuter: Arnika, Silbermantel, Thymian und viele andere.

In einiger Entfernung, immer gut versteckt, huschten die beiden Kobolde ihm nach. Netzkobold knurrte: »Blöd, dass die Felsenfrau ihm die Hände gestreichelt hat! Solange er den Becher in den Händen hat, kommen wir nicht an ihn heran. Es beißt mir in den Augen, sobald ich näher an ihn herankomme.«

Zackkobold jammerte: »Und mir wird gleich schwindlig! Als ich vorhin in seine Nähe huschen wollte, bin ich auf die Nase gefallen!«

»Warte nur«, krächzte Netzkobold, »einmal legt er den Becher sicher ab, dann kriegen wir ihn.«

Auf dem Rückweg ins Tal kam Liputto am Felsen vorbei, worin er die wunderbare Kristallhöhle entdeckt hatte. Er dachte: Ich will sie noch einmal aufsuchen, damit ich mir gut merke, wo sie ist. In den längsten Winternächten möchte ich darin ruhen und neue Kräfte vom Leuchten in der Erde holen. – Also begab sich Liputto seitwärts in die Felsen.

Netzkobold knurrte: »Blöder Kerl, jetzt müssen wir ihm in die Fluh nachklettern. Was geht er da für Schleichwege?«

Vor der Felsenspalte stellte Liputto sorgfältig seinen Becher auf einen vorspringenden Stein und schlüpfte hinein in die Kristallhöhle. Kaum hatten die Schleichkobolde das gesehen, frohlockten sie: »Der Kerl ist verschwunden! Den Becher hat er abgestellt! Wir kommen dran!« Mit einigen Zickzacksprüngen waren sie beim Becher. Netzkobold packte zu, und weg waren die beiden. Mit dem Raub eilten sie dem tieferen Bergwald zu.

In der Kristallhöhle bewunderte Liputto lange den Glanz der Kristalle. Der Boden war glattes Gestein und darüber wölbte sich der Höhlen-Kristallhimmel. Liputto legte sich nieder, schaute und staunte in die glitzernde Pracht. Wie lange er so weilte, wusste er nicht. Als er sich wieder erhob und zur Felsspalte hinausschlüpfte, sah er, dass die Sonne sich schon gegen Abend senkte. – Aber, was war das? – Wo war das Becherlein? Liputto starrte auf den Stein, wo er den Becher hingestellt hatte.

»Sind meine Augen nicht mehr richtig?«

Er tastete mit den Händen auf den Stein um und um. Der Becher war weg! Konnte er hinuntergefallen sein? Er suchte wie verstört nach allen Seiten. Der Becher war verschwunden!

Ein Bergfink setzte sich in der Nähe auf einen Stein. Liputto fragte: »Bergfink, hast du meinen Silberbecher gesehen?«
Der Bergfink zwitscherte: »Zwei Kobolde sah ich; der eine hat etwas Glänzendes getragen.«
Liputto zitterten die Beine vor Schreck. Er musste sich setzen. So war also das Schlimmste geschehen! Und wenn es böse Kobolde sind, was werden sie damit anstellen?!
»Bergfink, sage mir, wie sahen sie aus? Wo sind sie hin?«
Bergfink zwitscherte: »Der eine trägt ein Netz, der andere einen Spitzzack, üble Kerle. Sie sind gegen den unteren Bergwald!«
Liputto verzagte. Die Beine waren ihm wie gelähmt. Nur mühsam konnte er einen Fuß vor den andern setzen und langsam den Weg zum unteren Bergwald einschlagen.

Als der Becher verloren war

So traurig und verzagt war Liputto noch nie gewesen. Warum hatte er den Becher auf den Stein gestellt? Was werden die zwei Kobolde Übles damit tun? Nie wieder darf ich der Felsenfee beim Wasserfall unter die Augen treten. – So gingen seine Gedanken hin und her. Sollte er in die Erde versinken und tief, tief unten vergessen, was da oben war? Doch nein! Er musste versuchen, den Becher wiederzugewinnen, auch wenn man ihn in Stücke zerreißen würde!
Mittlerweile waren die beiden Schelme im tiefen Bergwald verschwunden. Einmal hatte Netzkobold mit der Nase in den Becher hineingeschnüffelt und sich dabei die Nasenspitze verbrannt.
»Aua, au!«, schrie er. »Das ist starker Saft!«
Zackkobold steckte vorsichtig einen Finger hinein. »Aua!«, schrie er, »das brennt! Da ist starker Zauber drin!«

Sie setzten sich in einer Waldlichtung auf einen Stein, um nachzusinnen, was sie mit dem Silberbecher und dem Zaubersaft darin tun könnten. Plötzlich kam dem Zackkobold ein Gedanke.
Er sprach zu Netzkobold: »Sieh dort die giftigen Tollkirschen! Wir müssen etwas von ihrem giftigen Saft in den Becher hineingeben und mit dem Bechersaft vermischen. So bekommt das Gift viel mehr Kraft; dann können wir damit Schlimmes zaubern! Das soll uns Spaß machen!«
Netzkobold fand den Gedanken toll. Sie stellten den Becher auf einen Stein. Gleich holten sie sich schwarze Giftbeeren und pressten ihren Saft hinein. Da begann es im Becher zu brauen, zu brodeln und zu schäumen. Es spritzte nach allen Seiten, sodass die beiden zurückweichen mussten.
Netzkobold klatschte in die Hände und rief: »Es tut sich was! Es tut sich was!«
Ein Rauchgestank verbreitete sich über die Waldwiese, dass die Vögel und allerlei Getier flohen.
Zackkobold aber rief: »Stinkt gut, stinkt herrlich!«
Aber siehe da: Aus der Erde stieg eine ganze Schar von Schwarzkobolden auf. Sie begannen wild im düsteren Rauch und im Schaume herumzutanzen. Netz- und Zackkobold krümmten sich vor Lachen. Ein schwarzer Großkobold aber schrie: »Schnauft ein vom Gestank, leckt vom Schaum, das macht euch stark! Kommt her, tanzt alle mit!«
So wirbelte, lärmte und tobte es in der Waldwiese um den Becher, der ganz schwarz geworden war.
Als es am tollsten zuging, nahte sich Liputto dem unteren Bergwald. Er hörte das Brüllen und Kreischen der Kobolde. Wacker ging er den Stimmen nach, hielt sich aber noch im Gebüsch versteckt. Mit Schreck sah er die Kobolde in Gestank und Rauch herumtoben. Er sah den schwarzen Becher auf einem bemoosten Steine. Nur noch wenig schäumte es heraus, denn er war fast leergekocht. Das Moos, das Gras rundherum waren auch schwarz geworden. Da

fasste Liputto in sich einen starken Mut. Er rannte mitten durch die Schwarzkobolde, packte den Becher, leerte die restlichen Gifttropfen auf den Stein. Mit beiden Händen umklammerte er seinen Becher und presste ihn an die Brust. Von allen Seiten drangen jetzt die Schwarzkobolde auf ihn ein, rissen ihn zu Boden und trampelten auf ihm herum. Aber an den Becher kamen sie nicht heran. So fest hielt ihn Liputto unter sich. Als die Kerle ihre Wut ausgetobt hatten, brach die Nacht im Walde an.

Die Schwarzkobolde verzogen sich in die Finsternis. Netzkobold und Zackkobold mit ihnen.

Still wurde es wieder im Wald. Aus einer alten Tanne trat ein uralter Baumgeist. Alles hatte er mit angesehen, aber erst beim Mondenschein konnte er aus dem Baume herausgehen. Langsam und etwas steif bewegte er sich in die Waldwiese hinein. Er wollte schauen, ob die Kobolde den armen, kleinen Zwerg ganz zerfetzt hatten.

Nein! Er lebte! Da er beim Stürzen sich ganz an den Stein geschmiegt hatte, gab ihm dieser Schutz. Viele Kobolde hatten im Finstern auf dem Moosstein herumgetrampelt und geglaubt, es wäre der Rücken des Becherzwerges. Der Baumgeist kauerte sich zu ihm nieder. Vom Kopf bis zum Fuß strich er mit seiner Tannenzapfenhand über Leib und Glieder.

Langsam erwachte der Zwerg aus seiner Ohnmacht. Einmal wackelte ein wenig der Kopf, einmal bewegte sich ein Fuß. Mit einem tiefen Seufzer drehte Liputto sich um. Den geschwärzten Becher presste er fest an sich.

Der Baumgeist sprach mit tiefer Baumrindenstimme: »Armer, kleiner Zwerg, warum wolltest du den schwarzen Becher holen?«

Aber Liputto blieb stumm. Er war der Sprache noch nicht mächtig. Ganz zart strich ihm jetzt der Baumgeist über Kopf, Brust und Glieder. Als er dabei einmal den Becher berührte, zuckte der Zwerg zusammen und hielt ihn wieder ganz fest.

Immer noch lag ein Gestank über der Waldwiese. Einmal schwebten aus dem Mondenschein ein paar Nachtelfen hernieder, aber wie sie sich dem geschwärzten Boden näherten, wollten sie gleich wieder entschweben.

Da rief die Baumgeist-Stimme: »Elfen, kommt her! Erbarmt euch des kleinen Wichts!«

Halb neugierig, wer da riefe und was das für ein Wicht wäre, dem man helfen sollte, schwebten die Elfen heran.

Eine wisperte: »Das ist ja der gute Liputto, dem unsere Fee den Silberbecher gab. O weh, was ist mit ihm? Der Becher ist ganz schwarz!«

Der Baumgeist gab Platz. Eine Elfe schwebte zu Häupten, eine zu Füßen und eine setzte sich auf die Brust des Hilflosen, denn Elfen sind ja federleicht. Sie begannen ein summend Lied und strahlten ihm etwas Lebenskraft in die Glieder. Die Kopfelfe zog ihm die krummgeschlagene Nase wieder gerade, die Fußelfe rüttelte an den Beinen, die Brustelfe löste die verkrampften Finger und begann am Becherlein zu putzen. Der Baumgeist war aufgestanden und schaute von oben herab verwundert mit offenem Munde zu.

Langsam erwachte Liputto wie aus einem bösen Traum. Er streckte die Hände und Fingerchen zitternd in die Luft. Der Becher war auf den Boden gerollt.

Zagend fragte er leise: »Wo ist das Be-cher-lein?«

Eine Elfe reichte es ihm in die Hand.

Traurig sprach Liputto: »Es leuchtet nicht mehr. Es hat allen Glanz verloren!«

Er ließ den Kopf hängen und trauerte. Nun wollten die Elfen wissen, was denn mit dem Becher und mit ihm selbst geschehen sei.

Der Baumgeist unterbrach: »Kommt hinüber zu meiner alten Tanne. Nicht länger kann ich von meinem Baume fern sein, sonst lässt er Nadeln fallen. Dort drüben ist der Boden nicht verstunken.«

Mit langen, etwas wackeligen Schritten schritt er voran, die Elfen mit Liputto hinterher. Der Baumgeist schlüpfte in seine Tanne, nur den Kopf ließ er etwas heraushangen. Liputto setzte sich auf eine knorrige Wurzel. Und da er die Sprache wiedergefunden hatte, erzählte er die lange Geschichte von der Kristallhöhle an bis zu den schrecklichen Kobolden.

Als er geendet hatte, dankte er dem Baumgeist für seine Hilfe, und er dankte den Elfen für ihre Güte. Dann aber fuhr er traurig fort: »Der Becher ist dunkel und bleibt dunkel. Nie wieder darf ich mit ihm vor die Felsenfee treten und von den Wundertropfen holen, um sie zu den Pflanzen, den Tieren und zu den Menschen zu bringen.«

Da ließ sich die tiefe, uralte Stimme des Baumgeistes vernehmen: »In die Erde ist Gottes-Sonnenkraft hineingezaubert. Sie leuchtet in Kristall und Edelstein, sie belebt Pflanzen und Bäume. Wenn du von diesem Lichte in deinen Becher sammelst, kann das Dunkle verwandelt werden durch das Erden-Sonnenlicht. Versuche es!«

Sogleich kam Liputto seine verborgene Kristallhöhle in den Sinn.

Er sprach: »Lieber Baumgeist, du gibst mir neue Hoffnung und guten Mut. Ja, ich will mit meinem dunklen Becherlein auf die weite Erdenreise gehen und bei Kristall und Edelstein Leuchtkraft holen.«

Gleich fiel ihm eine Elfe ins Wort: »Vergiss nicht, auch bei den Blumen kannst du Sonne holen. Was deine Augen Schönes schauen, das glänzt alles hinein in dein Becherlein.

Der Baumgeist fuhr fort: »Wenn die Vögel auf meinen Ästen singen, das ist auch helle Lichtkraft, lass ihren Gesang in dein Becherlein tönen! Für heute Nacht aber sollst du in meinen Wurzeln ruhen. Die bringen Lebenssaft tief aus der Erde herauf; der macht dich wieder ganz gesund.«

Die Elfen wisperten: »Gute Nacht, Vater Baumgeist, wir schweben wieder in den Mondenschein. Gute Nacht, lieber Liputto. Einmal sehen wir uns wieder beim Felsenquell, wenn du mit deinem Becherlein die Erden-Sonnenreise vollendet hast, wenn es wieder leuchten wird.«

Nach diesen Worten entschwebten die Elfen in die Höhen. Liputto aber kroch in die Wurzeln. Fest umschlang er seinen Becher. Und während er eindämmerte, spürte er das leise Rieseln des Lebenssaftes, der aus der Erdentiefe durch die Wurzeln aufstieg, und er spürte, wie es in ihm selbst zu strömen begann und ihm neue Lebenskraft schenkte.

Der Bechertraum

Als Liputto eingeschlafen war, befand er sich auf einmal wieder in der Kristallhöhle. Mit der Hand fuhr er sachte über die glatten Flächen der Kristalle und streichelte über ihre Kanten. Er flüsterte: »Wie schön! Ich hab' euch lieb!« Da tropften von der Höhlendecke ein paar Lichtfunken hernieder in sein Becherlein. Davon wurde es im Innern ganz silbrig.
Der Traum führte Liputto auf blühende Bergwiesen. Er bewunderte die schönen Blumen und die bunten Schmetterlinge. Da tropfte hin und wieder aus seinen Augen eine Träne der Bewunderung in seinen Becher. Siehe da! Außen am Becher fielen einige dunkle Schuppen ab, und darunter glänzte es silbrig hervor.
Der Traum führte Liputto in den Wald. Plötzlich ritt er auf einem Hasen, dann auf einem Eichhörnchen. Die Baumgeister lachten und winkten ihm zu. Vier Vöglein sangen auf einem Aste so munter, dass er stille blieb und lauschte. Im Becherlein klang genau das Lied im Echo, das die Vögel oben sangen. Ganz fein erzitterte es vom Klingen in seiner Hand, und wieder fielen dunkle Stäubchen von ihm ab.
Auf einmal waren der Hirtenknabe und Mariechen bei ihm. Sie lachten vor Freude, ihn wiederzusehen, und das Becherlein lachte mit. Da fiel der Rest des dunklen Rußes, der das Silber verdeckt hatte, ab. Der Becher glänzte silbrig hell.

Von oben schwebten drei Elfen heran und trugen Liputto durch die Luft zum Wasserfall. Der Mond schien. Die Fee trat aus dem Felsen und winkte ihn zu sich. Als er das Becherlein in ihre Hand gab, bemerkte Liputto, dass oben am Rand ein schmaler, dunkler Ring um und um geblieben war. Die Fee fuhr mit ihrer Hand sachte darüber, und da verwandelte er sich in Gold.
»Schau, wie schön!«, rief sie, »ein Silberbecher mit einem goldenen Rand!«

Liputto erwachte aus seinem Traum. Sogleich schaute er auf seinen Becher. Der war immer noch schwarz. Aber die Sonne ging eben am Himmel auf. Da erhob er sich, obwohl seine Glieder vom Kobold-Getrampel noch schmerzten. Voll Neugier steckte der Baumgeist seinen Kopf zum Baumstamm heraus.
Liputto rief ihm zu: »Auf Wiedersehn, guter Baumgeist! Ich danke dir für deine Hilfe! Ich gehe auf Reisen. Ein Traum hat mir gezeigt, wie ich das Becherlein wieder silbrig kriegen kann. Heute geht's zuerst zur Kristallhöhle: Da fang ich an! Einmal, wenn mein Becher wieder silbrig geworden ist, werd' ich bei dir vorbeikommen und dir zeigen, dass er einen goldenen Rand bekommen hat.«
Liputto winkte und ging seines Weges. Der Baumgeist wiegte mit der Tanne hin und her und freute sich, wie Liputto munter und mit neuem Mut in die Welt hineinwanderte.

Jakob Streit

Zwerg Wurzelfein

32 S., 11 farbige Bilder, gb.

Das neue Jahr beginnt, und bald darf Zwerg Wurzelfein den Pflanzen neues Leben bringen. Jetzt kann er auch den Baumgeist und die Elfen wieder besuchen. Dabei erfährt er vieles über die Kräfte, die in den Naturreichen und im Jahreslauf wirken: Warum tanzen in der Johannisnacht die Elfen, Glühwürmchen, Nachtfalter und sogar die Felsengeister?
Was für eine Bewandtnis hat es mit all den Wesen, die, für Menschenaugen unsichtbar, in der Natur leben – dem Waldschrat, den Kobolden und dem Drachen, der tief unter der Erde haust?

URACHHAUS